A Varinha Mágica do Violino

Tasmim Gregorim

ilustrações de
Yasmin Hassegawa

Preparo de originais: Gabrielle Antunes

Supervisão de texto: Jéssica H. Furtado

Revisão: Giovanna Melo

Ilustração: Yasmin Hassegawa

Capa: Geovanna Votto

Diagramação: Geovanna Votto

A editora não se responsabiliza pelo conteúdo da obra, formulada exclusivamente pelo(s) autor(es).
A editora não se responsabiliza pela manutenção, atualização e idioma dos sites referidos pelos autores nesta obra. 1a Edição, 2024 — Edição revisada conforme o Acordo Ortográfico da Língua Portuguesa de 2009.
Publique seu livro com a Ases da Literatura. Para mais informações envie um e-mail para originais@asesdaliteratura.com.br
Suporte técnico: A obra é comercializada da forma em que está, sem direito a suporte técnico ou orientação pessoal/exclusiva ao leitor.

**Catalogação na publicação
Elaborada por Bibliotecária Janaina Ramos – CRB-8/9166**

G821v

Gregorim, Tasmim

A varinha mágica do violino / Tasmim Gregorim; Ilustrações de Yasmin Hassegawa. – Rio de Janeiro: Ases da Literatura, 2024.

36 p., il.; 17 X 24 cm

ISBN 978-65-5420-873-4

1. Literatura infantil. I. Gregorim, Tasmim. II. Hassegawa, Yasmin (Ilustradora). III. Título.

CDD 028.5

**Índice para catálogo sistemático
I. Literatura infantil**

A Varinha Mágica do Violino

Tasmim Gregorim

ilustrações de Yasmin Hassegawa

asinha

À minha sobrinha Ayla.

No maior país da América do Sul, havia uma menina muito curiosa chamada Ayla. Ela gostava de desenhar enquanto ouvia música.

Certo dia, escutou uma canção com um som diferente daqueles que tocavam na rádio da sua cidade.

Como deve ser esse instrumento? Consigo aprender?, pensou.

Não teve dúvidas, quis saber mais e começou seus estudos com o professor de um projeto social em Brasília.

Era um violino!

Logo aprendeu que, além da clave de sol,
existia a nota sol.

Nesse caminho, começou a identificar sons e
descobriu uma escala que, como uma escada,
tinha subidas e descidas.

Cair de alguns degraus era normal, bastava
se levantar e seguir em frente.

O dedo mínimo da mão direta era forte e trabalhador, já o polegar da mesma mão estava de férias, bem relaxado.

Mas a menina ficou encantada em saber que a crina do cavalo junto com as cordas do violino poderiam fazer música!

Conforme ia estudando, percebeu que seu braço
direito, seu cotovelo, suas mãos e seus dedos
tinham peso e que, com eles, tinha o
superpoder de fazer as cordas vibrarem.

Ao descansar o arco na corda, seu braço
direito era como uma porta.

Às vezes, ele podia abri-la devagar, abri-la
rápido, fechá-la rápido, fechá-la devagar,
mas sem sair dos trilhos.

O arco também tinha o poder de fazer sair do
violino uma melodia bem baixa ou bem alta.

A menina gostou de aprender que o arco poderia
ir para cima em direção ao céu V e para baixo ⌐¬
em direção ao chão.

Ela também poderia escolher alguns lugares para
estacioná-lo.
V = céu
⌐¬ = chão

ponta
Talão

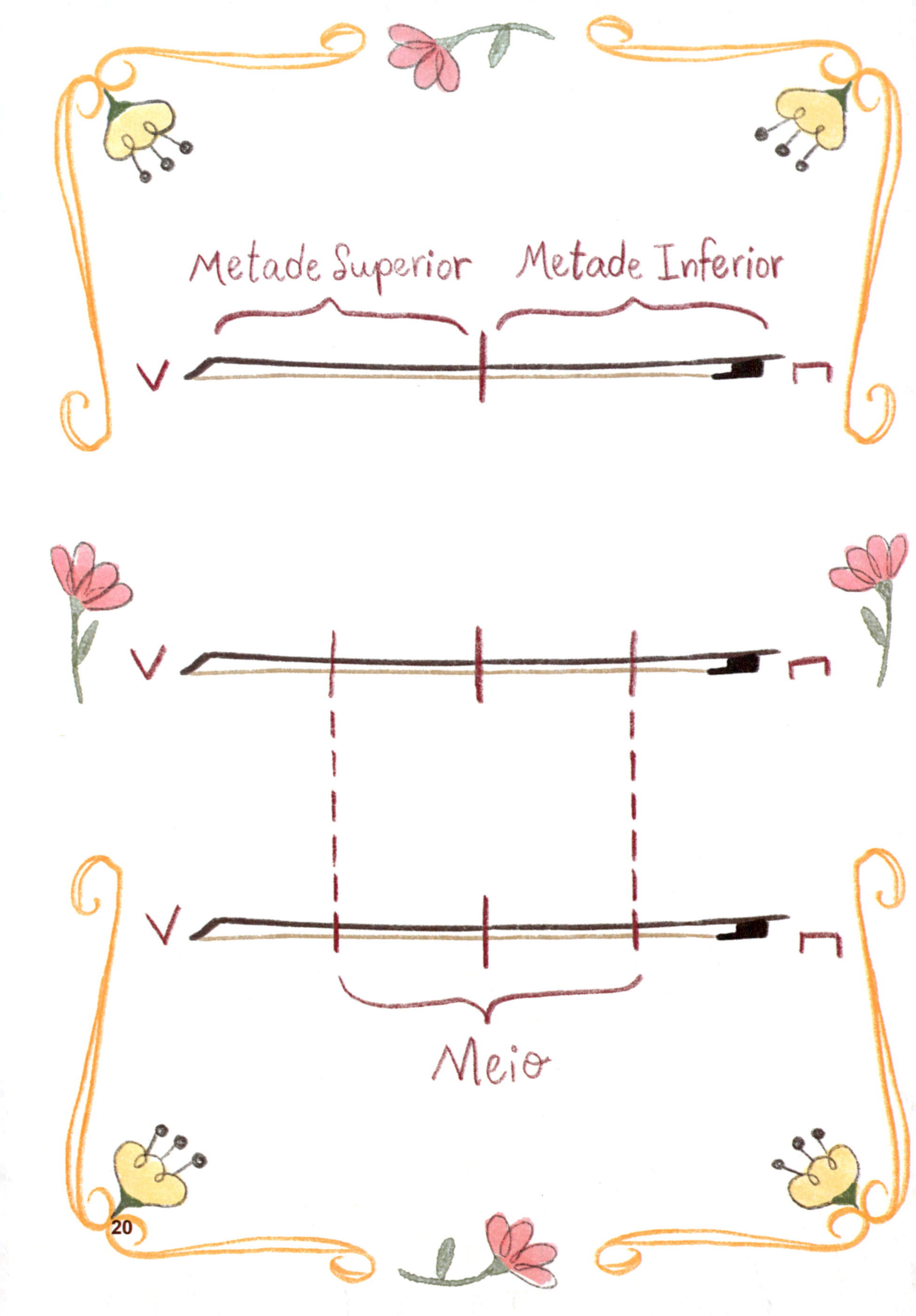
Metade Superior
Metade Inferior
Meio

Uma varinha mágica com poder de se dividir em várias partes diferentes como uma pizza, concluiu sobre o arco do violino.

E se eu tiver medo e parar de tocar, interrompendo a varinha mágica?, pensou.

Mas prontamente descobriu que poderia usar a mesma quantidade de arco, diminuindo a velocidade do tempo da música e seguir tocando sem medo de errar.

*Ser gentil consigo mesma poderia melhorar
o poder da varinha mágica!*, imaginou.

Desvendou o mistério do seu novo instrumento:
a melhor amiga da varinha mágica era a
organização do tempo no espaço. Com
a máquina do tempo poderia organizar
todos os ritmos!

Saber de cor um trecho musical é a
completa liberdade.

grave vivace
andante
presto
adagio allegro
25

Aprendeu que não precisa sentir vergonha de tocar bem alto até as estrelas escutarem o poder da varinha mágica.

E descobriu que existiam os dedos amigos. Eles poderiam acompanhar o quarto dedo da mão esquerda quando quisesse abaixar a corda!

Os quatro dedos amigos caindo juntos podem ficar mais fortes e melhorar a forma de mão, assim como um bolo precisa de uma forma para se manter no lugar.

Ela cometeu alguns erros, mas estava tudo bem cometê-los, pois tudo tinha conserto!

... e poderia até virar concerto, desde que repetisse algumas vezes corretamente, para memorizá-las.

Nessa aventura, a menina curiosa descobriu e aprendeu os movimentos para tocar, velocidade do arco e como lidar com os erros.

De tanto praticar, ela voou para outras partes do mundo com a sua varinha mágica. Há quem diga que outras crianças a ouvem tocar e também querem aprender o poder da varinha mágica.

Quem sabe?

Tasmim Gregorim

Tasmim Gregorim nasceu em Brasília-DF, em outubro de 1994. Atualmente, reside em Pittsburgh, PA, Estados Unidos. Começou seus estudos de violino na escola de música de Brasília, se formou em Licenciatura em Música no Instituto Federal de Goiás e também na Universidade de Brasília, onde concluiu seu mestrado em música. Publicou artigos científicos específicos sobre o controle do arco pela Associação Brasileira de Educação Musical (ABEM) e Associação Nacional de Pesquisa e Pós-Graduação em Música (Anppom), além de ser professora certificada pela Associação Suzuki das Américas. Ela é autora de "A Varinha Mágica do Violino" e atua como professora de violino em seu estúdio nos Estados Unidos.

Yasmin Hassegawa

Yasmin Hassegawa nasceu em Presidente Prudente - SP em 1989. Morou no Japão quando criança e passou a adolescência em Curitiba - PR, onde se formou em Design de Moda (2012) pela Universidade Tuiuti do Paraná. Atualmente mora em Brasília - DF e desde 2015 trabalha como ilustradora, criando e desenhando livros ilustrados. Gosta muito de explorar diversas facetas de sua arte, sempre buscando o lado fofo e mágico nas composições. Além de livros, também ilustra produtos, que vende em lojas colaborativas de Brasília, em sua loja virtual e também em feiras e eventos.

Publique seu livro:

**Não deixe de conhecer
os outros livros do
selo Asinha em:**

www.asesdaliteratura.com